AF429217